(Par Vialart de Saint-Morys.)

RÉFLEXIONS

D'UN

SUJET DE LOUIS XVIII,

Fonctionnaire public dans le Département de l'Oise,

QUI pense que tous les sujets de S. M., sans en excepter le Sénat, le Corps législatif et le Gouvernement provisoire, devaient d'abord reconnaître les droits héréditaires de ce prince à la couronne de France, et que, sous ce rapport, les mots *vœu* et *adhésion*, qui expriment non un devoir, mais l'exercice d'un droit, sont insuffisants et impropres.

Par M. de Saint-Mory

A PARIS,

CHEZ TOUS LES MARCHANDS DE NOUVEAUTÉS,

DE L'IMPRIMERIE DE L.-G. MICHAUD,

RUE DES BONS-ENFANTS, n°. 34.

AVRIL 1814.

RÉFLEXIONS

D'UN

SUJET DE LOUIS XVIII.

Le Sénat a, dans sa séance du 3 avril, donné les motifs de la déchéance de Buonaparte; ces motifs sont pris d'abord dans la violation d'une constitution donnée et jurée par lui-même, et qui, au fait, est radicalement illégale et frappée de nullité, puisque Louis XVIII, souverain légitime, existait à l'époque où elle a été établie. 2°. Dans l'injustice et l'oppresssion qui rendent illégale toute espèce d'autorité, même celle qui serait légitimement établie. Le Sénat a ensuite déclaré dans sa séance du 6 avril, que le peuple français appelait librement au trône Louis-Stanislas-Xavier, frère du dernier roi.

Quelque avantageux que ces actes aient été pour la patrie, quelque nécessaires qu'ils aient été à sa délivrance, il est toutefois extrêmement important de faire remarquer que le Sénat a manqué à reconnaître le principe le plus éminemment conservateur de la tranquillité publique, je veux dire le droit ancien d'hérédité au trône. En effet, ce corps a bien déclaré que le gouvernement français était monarchique et héréditaire de mâle en mâle par ordre de primogéniture ; mais il n'a pas présenté ce principe comme antérieur à sa déclaration, ni comme indépendant de l'acte où il rappelait Louis XVIII, et de même de tout pacte social qui pourrait être établi entre le peuple et le souverain. C'est là qu'existe le grand défaut de l'acte du Sénat ; c'est en cela que ce corps a oublié l'intérêt de la postérité.

Il est heureux sans doute qu'il ait, ainsi que le gouvernement provisoire, mis autant de zèle pour parvenir à présenter promptement à la nation et au monarque un pacte qui eût pour but de garantir à la fois par la balance des pouvoirs, la stabilité du trône et le bonheur des peuples.

Mais cette balance peut avoir diverses formes, peut-être conçue et modifiée de différentes manières. Une seule base de la monarchie n'a jamais varié, et devait être déclarée inaltérable, puisque c'est à elle que la France a dû son intégrité, sa puissance, sa splendeur. C'est le droit appartenant à une seule famille de succéder au trône, et de gouverner la nation.

Ce droit imprescriptible dans cette famille ne peut être perdu qu'individuellement, et dans le cas de la démence ou du despostime qui est une autre espèce de démence, et alors le plus proche héritier de la couronne, deviendrait Régent ou prendrait en même temps l'autorité et le titre de Roi.

Tels sont les principes qui devaient être proclamés par le Sénat, parce qu'ils font la base du droit public de la France; et ce qui est plus important encore que le maintien du droit public, parce qu'ils sont éminemment, et même exclusivement propres à mettre l'état à l'abri de projets des ambitieux que l'attrait du pouvoir ferait aspirer à usurper le trône, dans des circonstances favorables aux révolutions. Si le Sénat eût reconnu ce principe, il eût évité plusieurs erreurs dans lesquelles il est tombé. Par exemple, il n'eût pas appelé au trône le frère, mais l'oncle du dernier roi, et de vérité en vérité, il fût sans doute parvenu à penser qu'il fallait laisser à Louis XVIII la faculté d'accepter *librement* la constitution qu'il lui présentait aussi *librement*, et il n'eût pas fait de cette acceptation une condition à remplir par ce prince, avant de monter au trône de ses ancêtres.

Certes, je ne suis pas d'avis qu'un peuple appartienne à un roi, comme un troupeau à son maître, et mes principes de liberté sont aussi étendus que la raison et l'intérêt de la patrie peuvent le permettre.

J'en atteste la nation qui a le mieux connu et appliqué ces principes, et dont je pense que l'exemple aurait dû nous servir dans cette grande conjoncture.

Je vois le parlement britannique et l'armée abandonner Jacques II, parce qu'il a violé son serment et professé hautement des maximes contraires à la liberté publique; mais je vois, au même moment, ce parlement consacrer le principe salutaire du droit d'hérédité au trône, dans la famille de ce prince: une première fois, en y appelant la princesse Marie sa fille; une seconde fois, en y appelant la princesse Anne, aussi fille de Jacques II; une troisième enfin, en cherchant un souverain dans la maison d'Hanovre, parce qu'elle descendait d'une fille de Jacques Ier., c'est-à-dire, d'un prince de cette famille de Stuart, dont il a cru devoir écarter la ligne masculine du trône. Cette mesure n'avait pas le même inconvénient qu'elle aurait eu en France, où les femmes ne sont pas reines de leur propre droit, et elle a eu en Angleterre tous les avantages dérivant de la conservation du droit d'hérédité;

aussi je vois ce droit reconnu en principe servir de phare à l'Angleterre, au milieu des ténèbres de l'esprit de parti et des tempêtes de toutes les passions, et y maintenir la monarchie tempérée qui fait le bonheur de l'empire britannique. Pourquoi ne pas profiter de cette leçon de l'histoire ? D'où vient cette espèce de défiance des Bourbons, de cette illustre Maison à qui Sterne, au commencement de son *Voyage Sentimental*, rendait la justice, que c'était la famille de souverains la plus humaine, la plus digne de l'amour des peuples qui eût régné sur aucun pays; comment surtout peut-elle s'attacher à un prince que ses lumières, ses talents, sa sagesse, et même ses malheurs, rendent si propre à occuper un trône; d'un prince qui a proclamé lui-même plusieurs fois ses principes de justice, de tolérance, d'oubli des injures, et le désir de limiter sa propre autorité, par un pacte entre le peuple français et lui. Que penserait l'Europe en se rappelant que Buonaparte, oppresseur, imposa une constitution au peuple français; si elle voyait que ce même peuple français, qui devait tant de reconnaissance aux Bourbons, qui avait à leur faire oublier tant d'injustices, leur imposât aussi des conditions au moment même où leurs noms viennent de sauver la France ; de servir de ralliement à tous les partis, et où le signe du royalisme a été le gage de la générosité des souverains magnanimes qui sont venus, non conquérir, mais délivrer la France. Voilà ce que je voulais dire avec tous mes collégues du conseil-général de l'Oise, et ceux que j'ai rencontrés à Beauvais eussent en effet émis les mêmes opinions ; mais par un zèle malheureux sans doute, dans son effet, qui toutefois n'en est pas moins estimable, une partie du conseil-général de l'Oise avait quitté cette ville après avoir été entraînée à signer sans distinction, avec une foule d'autres fonctionnaires publics de ce département, son adhésion aux mesures prises par le Sénat, et à faire connaître son vœu pour le rétablissement des Bourbons, expressions dont j'ai déjà prouvé l'insuffisance et la faiblesse. Mon intention était aussi de me servir de cette occasion pour engager le conseil-général de l'Oise à exprimer le vœu :

1°. Que le prince régent de la Grande-Bretagne et le parlement britannique, fussent remerciés de l'asyle généreux qu'ils ont donné aux princes de la maison de Bourbon, et des secours qu'ils ont prodigués aux royalistes dans des temps où cet asyle et ces secours leur étaient si nécessaires, et d'avoir ainsi conservé à l'amour des Français une famille qui a fait depuis si long-temps le bonheur et la gloire de la France.

2°. Que les noms des empereurs de Russie, d'Autriche, du roi de Prusse et du prince Régent de la Grande-Bretagne, fussent gravés sur chacune des faces de la base de la colonne qui, naguère portait la statue d'un homme qui a été le fléau de la France et de l'Europe, et qui désormais doit rappeler à toutes les nations du continent, et surtout aux Français, que les sources de leur bonheur et de leur prospérité, sont dans la modération, la justice et la paix.

VIALART DE ST.-MORYS,
membre du conseil-général de l'Oise.

(*Voyez la Note qui suit.*)

NOTE

Relative à ce que j'ai dit plus haut sur la reconnaissance due au prince Régent d'Angleterre et au Parlement britannique.

Buonaparte avait constamment dirigé contre les gouvernements avec lesquels il était en guerre, un systême d'imposture si vaste, qu'une grande partie des faits historiques les plus importants de notre temps, a été altérée ou reste encore inconnue pour les Français; c'est surtout l'opinion sur la nation anglaise qui a été égarée par les artifices du gouvernement de ce tyran. Je me rappelle avoir lu dans le *Moniteur*, à l'époque où il fit étrangler le général Pichegru, assassiner Monseigneur le duc d'Enghien, et où j'etais aussi incarcéré par son ordre, que les Anglais avaient envoyé la peste à Boulogne dans des ballots de marchandises, jetés exprès par eux sur le rivage. Il se trouva alors des fonctionnaires publics assez vils, et assez bêtes pour certifier qu'un chien avait été frappé de mort en leur présence à l'ouverture d'un de ces ballots. Je me rappelle aussi avoir vu dans le catalogue d'une exposition des tableaux du salon, une description de celui qui représentait la défaite des royalistes à Quiberon, dans laquelle il était dit que les éternels ennemis du continent tiraient sur les émigrés au lieu de chercher à les sauver. On voit qu'aucun moyen n'était oublié pour parvenir à tromper la France, et Buonaparte n'y réussit que trop bien par cette infâme calomnie qui, à force d'être répétée, a fini par obtenir quelque croyance. Je dois donc à la vérité, de dire que mon père fut sauvé à Quiberon par les Anglais, avec plusieurs émigrés de distinction que je pourrais nommer, et qu'il n'a péri qu'après avoir été déposé par eux suivant son désir à l'île de Houat près de la presqu'île de Quiberon. Certes, aucune considération ne pourrait m'induire à vanter la générosité d'une nation à laquelle je devrais reprocher la mort de mon père et de plusieurs de mes amis; mais je n'ai connu de la part de la nation anglaise que ses bienfaits répétés envers mes concitoyens.

De ce qu'à diverses époques de l'histoire, les Anglais ont été nos ennemis les plus dangereux, il ne s'ensuit pas que nous n'ayons trouvé en eux, dans ces derniers temps, de généreux amis.

De ce que le grand comte de Chatham avait

une haine aveugle contre les Français, dans un temps où les idées libérales n'étaient pas aussi dominantes qu'à présent, il n'en est pas moins vrai que lord Wellington offre un des plus beaux caractères de l'histoire moderne, et que la postérité consacrera avec ceux des Turenne et des Bayard.

De ce que les Anglais ont été quelquefois oppresseurs dans leurs colonies, il n'en est pas moins vrai que c'est à eux qu'est due l'abolition de la traite des nègres. Enfin, de ce que dans les commencements de la révolution, les Français ont été emportés au-delà des bonnes par la noble passion de la liberté, et de ce qu'après ils ont été forcés de courber la tête en esclaves sous le joug de fer de Buonaparte, il ne s'ensuit pas qu'ils ne puissent être d'excellents citoyens sous le gouvernement légitime et paternel de Louis XVIII. Et en effet, quand nous crions *Vivent les Bourbons! Vive Louis XVIII!* nous avons le bonheur, que la raison la plus sévère applaudisse à tous nos mouvements d'amour et d'enthousiasme.

FIN.

A M. J.H DE VILLELE,

SUR SES OBSERVATIONS

À MESSIEURS

LES DÉPUTÉS AU CORPS LÉGISLATIF.

MONSIEUR,

Si j'appréciais mal votre caractère, je n'aurais pas entrepris de répondre à vos observations. Mais je connais votre franchise, et j'ose réfuter plusieurs assertions, pour le moins hasardées, contenues dans votre ouvrage.

Ne croyez point, Monsieur, que j'aie la prétention de forcer l'opinion de qui que ce soit; je sais qu'elle est indépendante de nous; aussi n'ai-je jamais pu concevoir les haines qu'elle a fait naître et qu'elle entretient encore parmi des hommes faits pour s'estimer mutuellement. Mon but est de fortifier les principes de ceux qui pensent comme moi, et qui se laisseraient séduire, peut-être, par la réputation de sagesse dont vous jouissez à si juste titre.

Vous avez tracé vous-même le plan que je dois suivre dans ma réponse, et je vous réfuterai dans l'ordre que vous avez suivi. Je me répéterai souvent avec vous ; mais ce qui ne serait pas permis dans un ouvrage sérieux, sera moins ridicule dans celui-ci, qui n'est qu'une simple lettre.

Mais, avant tout, Monsieur, êtes-vous dans une situation bien désintéressée pour parler de tout ce qui fait le sujet de vos observations? N'avez-vous, malgré vous, aucune arrière-pensée? N'êtes-vous pas influencé par d'anciens souvenirs, quand vous réclamez avec tant d'instance le retour de l'ancien ordre de choses? Si, comme on me l'assure, vous jouissiez de certains priviléges attachés à la naissance, et par conséquent au hasard, vous êtes déjà partial. J'avoue que je puis à mon tour essuyer le même reproche, car je suis né dans la classe de ceux qui souffraient de tous ces priviléges, et qui ont dû les voir supprimer avec plaisir. La différence qu'il y aura seulement entre nous, c'est que j'ai la bonne foi d'en convenir, sans que vous m'en ayez donné l'exemple. Il est bien possible que, vous dans ma position, moi dans la vôtre, aurions une manière de voir toute opposée, tant l'intérêt personnel aveugle les hommes ; mais il faut toutefois convenir que celui qui souffrait avec le plus grand nombre de certaines exceptions et qui en redoute le retour, est dans une situation plus favorable que celui qui s'établit le coriphée du petit nombre pour les redemander.

Vous pressentez déjà, Monsieur, que je dois avoir une idée bien éloignée de la vôtre sur ce que vous appelez l'opinion publique, ce dont vous vous convaincrez mieux plus bas.

Je copie :

« Les fatales imprudences de l'Assemblée constituante, les crimes de la législative et de la Convention, l'avilissement dans lequel ont été jetés les conseils sous Buonaparte (1), n'ont pas dû inspirer à la France un grand intérêt pour le gouvernement représentatif. »

Je ne crois pas que plusieurs épreuves malheureuses aient dégoûté les Français, autant que vous le pensez, de cette forme de gouvernement ; car ils seraient comparables à un médecin qui rejeterait le kinkina, seul spécifique contre la fièvre, parce qu'il ne lui aurait pas réussi sur ses premiers malades.

Mais, Monsieur, les imprudences de l'Assemblée constituante, que vous ne nous faites point connaître, a-t-elle pu les éviter ? N'étaient-elles point, comme les crimes de la législative et de la convention, l'effet de la désertion d'une classe d'hommes accoutumés à influencer ? L'avilissement des conseils n'était-il pas la suite des efforts de ces mêmes hommes pour rentrer dans une patrie, dans des biens et des priviléges qu'il avaient appris à

(1) Plus bas, vous trouvez cependant ces conseils avilis dignes de nous représenter pour la rédaction de l'acte constitutionnel.

regreter ? Le Sénat, sous Buonaparte, a-t-il bien été le maître de secouer le despotisme aussitôt qu'il l'aurait voulu ? La crainte de nous livrer à une guerre civile ne devait-elle pas le tenir en suspens ? l'idée seule en fait frémir. Répondez franchement : n'était-ce pas la peur raisonnable de cet horrible fléau qui attachait seule tant de citoyens paisibles au gouvernement que nous avions avant le 1.er avril. Quant à moi, Monsieur, qui ai désiré la première révolution et qui croyais avoir d'excellentes raisons pour cela, j'ai repoussé de tous mes vœux celles qui l'ont suivie, et je prends Dieu à témoin que j'en aurais fait autant quand j'aurais été sous le sceptre du Dey d'Alger, tant j'ai en horreur les guerres intestines.

De ce que depuis vingt-cinq ans *on tente vainement de nous donner une constitution*, s'ensuit-il que nous ne devions pas désirer d'en avoir une ? c'est précisément tout le contraire : nous la voulons bonne, et non pas pour nous seuls, mais pour tout le monde.

Pour nous en dégoûter, vous nous parlez *de réputations qui n'ont pu traverser sans tache le long période de vingt-cinq ans* ; mais, outre que les réputations ne font rien en matière de bases à donner à un gouvernement, je vous prie d'observer que s'il était possible de composer d'esprits célestes les grandes magistratures, du moment que vous supposerez deux opinions, ce qui est indispensable, il n'y aura pas dans ces corps de réputation sans tache ; car les deux partis se calomnieront. Si quelque chose doit étonner, c'est votre surprise à cet égard ; et qu'après avoir *voyagé à quatre mille lieues de votre pays*, vous ignoriez ce qui se passe en Angleterre, où les Wighs et les Toris se méprisent et s'injurient ; dans l'Amérique septentrionale où le parti des républicains et ses adversaires en font autant. Cela n'empêche pas les uns et les autres de se réunir quand il faut défendre la patrie. Allez donner aux Anglais et aux Américains le conseil de jeter, pour ces motifs, leur constitution dans les flammes, ils se moqueront de vous.

Des réputations intactes ! Monsieur, où en trouver ? Dans les gouvernemens despotiques même il n'en existe point. Et pour ne citer que la France, sous ses Rois, quel a été le ministre, et en descendant, l'homme en place, dont la réputation n'a pas été attaquée par des envieux ? Montons au premier degré de puissance : Henri IV, le meilleur de nos Rois, n'a-t-il pas été calomnié ? Le parlement de Toulouse, celui de Paris, ne l'appellaient-ils pas bâtard ? Que prouvent ces inconvéniens attachés à notre condition d'hommes ? rien du tout.

Continuons : « Où trouver ces hommes qu'il faut » consentir à voir élever au-dessus de nous, eux » et leurs enfans ? »

Vous ne voulez point d'exception, sans doute, et choisir selon vos idées ; car j'aurais le droit aussi de mettre les miennes en avant, et nous n'en finirions pas. Où les choisira-t-on? Partout, Monsieur. Quant à moi, si j'étais le maître, et dussiez-vous vous récrier, je choisirais M. Grégoire, par exemple. La franchise me plaît dans toutes les opinions, et ce respectable prélat en fait profession avec une persévérance admirable, dans un siècle où il aura peu d'imitateurs.

Dire je suis républicain, quand on n'a nul profit à retirer d'un aveu si formel; je suis janséniste, pour donner des vapeurs à plus d'une dévote, et ne pas gagner à cette confession le chapeau de Cardinal, me semble une espèce de miracle. Mais sera-t-il fidèle au monarque, s'il en fait la promesse? voilà la question importante, et je réponds qu'il le sera. N'en êtes-vous pas aussi convaincu que moi, Monsieur, dans le fonds de votre conscience?

D'ailleurs, n'avez-vous pas dans le Sénat d'autres hommes recommandables? Ne proscrivons point des corps en masse, je vous en conjure; car, outre qu'on ne peut se flatter de connaître assez les individus qui les composent, c'est vouloir se faire accuser de témérité, d'eprit de parti. N'y trouvez-vous point des noms assez célèbres, et même *biens sonnans?* J'avoue que pour moi je n'attache aucune importance aux noms, et que je ne conçois pas pourquoi l'un plaît à l'oreille plus que l'autre. M. Bergasse, qui s'est éveillé un beau jour comme Epiménide, après un assez long sommeil, nous donnera sans doute la clef de cette musique nouvelle, s'il trouve qu'il n'y a point de risque à courir.

Qui choisirons-nous ? Vous, Monsieur ! oui, vous-même : parce que vous êtes un galant homme, doué de beaucoup de lumières, qui aimez l'agriculture, le commerce ; plus encore, le repos public. Et quand on vous aura élevé à ce poste éminent, pour lequel votre modestie vous porte peut-être à croire que vous êtes peu propre, nous vous tiendrons pour un homme justement mis au-dessus de nous.

Nous ne choisirons point ces hommes qui, tout infatués qu'ils sont de l'ancienneté de leur race, obstruaient les antichambres de Buonaparte ; qui accablaient les ministres de leurs placets, qui caressaient les préfets et toutes les autorités en les dénigrant ; qui, toujours les premiers sur les rangs quand il fallait envoyer des députations à celui dont ils ont jeté le buste par les fenêtres, se promenaient périodiquement sur les grandes routes, pour aller lui offrir, sans mandat, nos bras, nos biens et nos vies. Nous choisirons enfin, et quelle que soit son opinion, tout homme qui ne s'est ni déshonoré, ni vendu sous aucune espèce de tyrannie, et qui nous offrira d'ailleurs les garanties exigées par la constitution qu'on nous prépare.

« L'impôt sera librement consenti ; la liberté pu-
» blique et individuelle ; celle de la presse et des
» cultes garantie. »

Vous réunissez dans un seul alinéa vos objections

bien faibles, contre trois articles bien distincts, et dont vous prétendez prouver l'inutilité en disant : *Jamais l'inquisition politique ou religieuse n'a comprimé si complètement la nation, que depuis qu'on s'est occupé de donner des garanties à la liberté de la presse et à celle des cultes.* Est-ce là ce que vous appelez une raison démonstrative, pour dégoûter tout homme réfléchi de demander ces garanties. C'est, je le confesse, une étrange manière d'argumenter. Vous vous en contentez cependant, pour nous prouver *qu'il faut chercher dans nos anciennes institutions le moyen d'atteindre ce but d'une manière plus conforme à l'expérience, à l'esprit et aux habitudes nationales.* Pourquoi ne pas nous éviter, Monsieur, la peine de cette recherche, et ne pas nous indiquer vous-même ce que vous trouvez de si favorable dans nos anciennes institutions. Des hommes dont je respecte les lumières, et qui sont aussi versés que vous dans la connaissance de nos vieux usages, soutiennent qu'il n'y a jamais eu que des règles non écrites et fort incertaines, en fait de gouvernement.

Lorsque le curé de ma paroisse, fils de mon paysan, exemptait son jardinier du sort, et que j'y étais moi-même assujetti, la liberté publique était-elle consacrée ? La liberté individuelle l'était-elle d'avantage, quand les femmes de chambre des cailletes d'un sous-commis, faisaient trafic de lettres de cachet en blanc ? La liberté des cultes était-elle assurée, lorsque, sous Henri III et sous Henri IV, le pape et les Espagnols dominaient en France, et mettaient tout à feu et à sang pour détruire les sectateurs de Calvin? Lorsque un Dominicain assassinait son roi pour aller dîner avec les anges? et un maître d'école le meilleur des princes, pour empêcher le triomphe de l'hérésie? Ou bien, était-ce sous Louis XIV, du temps des massacres des Cevènes et de la révocation de l'édit de Nantes? Je m'arrête. Où ne me conduirait point une plus longue réfutation de vos principes!

Vous ne critiquez point le chapitre de l'impôt, et je pense bien qu'en votre qualité de grand propriétaire, vous en reconnaissez la sagesse : c'est encore quelque chose. Mais vous ne faites pas attention que de celui-ci découle la nécessité du pacte social. Car, pour asseoir l'impôt, il faut des corps intermédiaires entre le monarque et le peuble. L'un demande, et les autres accordent au nom et selon les facultés de leurs commettans.

« Les propriétés seront inviolables et sacrées; la » vente des biens nationaux est irrévocable. »

Vous commencez par énoncer sur cette matière une grande vérité, mais vous en tirez de fausses conséquences. Oui, Monsieur, *il y a dans l'état des biens moins propres que d'autres à ceux qui les possèdent*. Ce sont les biens nationaux, et même de toute origine; car ils ont un cours moins élevé. Mais ce n'est ni la conscience, ni le besoin de déclarations qui leur donne cette valeur; c'est l'état permanent de révolution; c'est l'intérêt de l'acheteur à profiter des circonstances pour déprécier l'objet qu'il convoite, afin de l'obtenir au plus bas prix. Ajoutez à cela la rareté du numéraire, l'habitude et le lucre de l'usure, les impôts exorbitans, etc., qui rendent plus fréquent le besoin de vendre, et jettent dans le commerce une plus grande quantité de ces biens. Mais l'homme le moins instruit, le paysan le plus grossier, savent bien que la vente des domaines nationaux est l'arche à laquelle nul ne touchera. Supposez à la tête du gouvernement les seuls émigrés; ils n'auront pas plutôt approfondi la matière, qu'ils seront forcés de convenir de l'impossibilité d'aucun retour sur ces biens.

Faut-il vous rappeler que l'assemblée constituante, dans un de ces beaux mouvemens qui lui firent embrasser tant d'erreurs, et commettre ces imprudences dont vous nous parlez, voulut essayer une pareille mesure sur les propriétés vendues par l'effet de la révocation de l'édit de Nantes : elle décréta le principe, et en trouva l'application impossible. Sous François Ier, si ma mémoire ne me trompe, on s'efforça envain de faire annuller des ventes de biens du clergé. Combien d'autres exemples ne pourrai-je pas vous citer. Que serait-ce donc aujourd'hui, qu'une si grande quantité de propriétés ainsi vendues, a été divisée, sous-divisée de tant de manières et parmi tant d'individus ? Allez dire aux laboureurs de mon département, et de tant d'autres, qu'ils rendent le boisseau, l'arpent de terre qu'ils ont acquis il y a plus de vingt ans; ils vous répondront : prends ma vie, si tu l'oses, mais laisse moi ma propriété. Avez-vous réfléchi, dans quel labyrinthe, dans quel abîme nous jetteraient vos principes ou vos vœux. Vous avez la bonne foi de mettre en question : *s'il est un acquéreur qui ne consente à traiter de gré à gré, à entrer en composition avec l'ancien propriétaire.* Ah ! ne connaissez-vous pas assez les hommes pour la résoudre d'avanc, cette question ? Ils sont tous de bronze, en fait d'intérêt personnel.

Voudriez-vous nous faire part des moyens que vous mettriez en usage pour les entraîner ; pour les forcer de se départir de ce qu'ils possèdent depuis tant d'années ? Serait-ce la persuasion ? La voie vous en est ouverte, et les ministres de toutes les religions vous la rendront plus facile ? Employez votre éloquence ; celle des malheureux dépossédés, que je plains tout autant que vous ; qu'elle opère des miracles : nous léverrons, nous les applaudirons avec plaisir. Serait-ce par une loi formelle ? Mais comment la rédigeriez-vous ? en forme d'invitation ? elle serait inutile et desrisoire : d'injonction ? mais on n'enjoint pas de s'accommoder : les confesseurs peuvent tout au plus user de ce privilège, *in articulo mortis.* Il faudra donc revenir à un retour pur et simple. Eh bien ! je vous l'accorde, je veux même supposer ce retour sans obstacle pour les biens d'émigrés. Laissons de côté, si vous le voulez, toutes les angoisses où vous allez jetter les acquéreurs de propriétés connues sous une autre dénomination ; l'éveil que vous donnerez à leurs créanciers ; le préjudice que vous porterez à leur crédit et à leur commerce ; comment ferez-vous pour opérer ce bouleversement ? Ne savez-vous pas que vous déposséderez une grande partie des émigrés eux-mêmes, qui sont possesseurs de ces propriétés par des acquisitions faites à des tiers, par des héritages, par des alliances ? vous voulez donc les ruiner une seconde fois ?

Voici, à l'appui de cette question, un fait que je prends la liberté de soumettre à vos méditations : il est pris dans la petite ville de Gaillac, lieu de ma naissance. Un émigré, fils d'un ancien magistrat, a perdu une propriété considérable, par suite de son émigration et de la condamnation de son père. Un autre émigré, lieutenant de vaisseau avant la révolution, que je ne connais point, mais que l'on dit homme très-recommandable, a reçu pour la dot de sa femme, en se mariant, partie des biens du premier (1) : quel est celui des deux qui vous semble le plus intéressant ? Et n'y aurait-il pas là un émigré ou une famille d'émigré lésée ?

Prenez-y garde, Monsieur, vous paraissez aussi las de révolutions que moi ; et, sans y songer, avec les meilleures intentions du monde, vous en provoquez une qui serait bien épouvantable, parce qu'elle

(1) S'il ne les a pas reçus, ils composent au moins une grande partie de la fortune de son beau-père.

aurait pour foyer la cause la plus opiniâtre : l'intérêt personnel.

En fait de retour sur les biens nationaux, il n'y a que le premier pas qui coûte. Admettez la nullité de la vente des uns, elle entraîne la nullité de la vente des autres. Bientôt se présentera la question des biens dits du clergé. Des orateurs non moins éloquents que vous, nous démontreront que ces biens ont été vendus contre les lois divines, car ils appartenaient à Dieu, et que pour les rendre à leur destination, il faut rétablir la longue kirielle des ordres monastiques. Vous ne voulez pas de ce rétablissement, Monsieur, parce que en votre qualité d'agriculteur habile, vous auriez peur du retour de la dîme : ne les rétablissons donc point. Alors que ferons-nous de ces biens ? Les rendra-t-on au gouvernement ? Mais, s'il les fait régir, ils deviendront presque nuls pour l'agriculture, et dans quel embarras vous le jettez ! Il se trouvera privé en outre du produit des droits de mutation et de l'impôt annuel. Voulez-vous que le gouvernement les revende ? mais de bonne foi, quel est celui qui se présentera aux enchères ? Quel est celui qui ne dira point : La nation, légalement représentée, avait aliéné, depuis plus de vingt ans, des biens qui ont été revendiqués, en violant tous les droits de propriété ; Dieu me garde d'en acheter. Qui me répondra qu'un autre revers de médaille ne forcera pas ma famille d'en déguerpir à son tour.

Vous parlerai-je des mutations consommées, et suivies de mutations sans nombre ? de la subsistance des vieillards et des enfans ? de la dot des filles , et du espect dû aux contrats de mariage ? Voudriez-vous Monsieur , que vos enfans, mariés sur la foi des lois de l'état , se vissent réduits à la mendicité ? Comment , d'ailleurs , établiriez-vous l'échelle du prix d'achats ? Comment régleriez-vous les indemnités en fait d'améliorations , d'embellissemens , de réparations de toute espèce ? Grand Dieu ! tous les tribunaux de l'Europe ne suffiraient point pour vider dans cinquante ans les procès auxquels vous donneriez sujet. Il faudrait donc aussi , par une conséquence bien simple , que l'état remboursât à son tour les créanciers de 1789 et des années antérieures ? Qu'il ajoutât au tiers consolidé les deux autres tiers ?

Voyez , je vous prie , où vous nous entraîneriez.

Et de grâce , Monsieur , que répondriez - vous au propriétaire qui a le bonheur d'avoir acquis son domaine pour rien , comme vous le voulez , et qui vous dirait : « En achetant ces biens que vous prétendez » m'avoir été adjugés à un prix si vil ; savez-vous ce » que j'ai mis dans la balance ? mon propre sang ! » car enfin , n'ai-je pas couru le risque de la vie , » puisqu'à l'époque où j'en devins possesseur , les » hommes les plus puissants parmi mes compatriotes, » menaçaient , les armes à la main , d'exercer contre » nous de sanglantes représailles ? J'ai cru que la con- » fiscation exercée contre eux était une mesure juste ; » parce que lorsqu'on a à se plaindre chez soi des

» violences ou d'un tort quelconque, on n'en acquiert
» point le droit d'appeler contre son pays des étrangers
» armés, parce que les motifs de l'émigration étaient,
» à quelque exception près, des motifs ridicules (1);
» parce qu'enfin, je ne voyais pas que l'immense majorité d'une nation sous l'égide de son roi, pût être
» en révolte ouverte contre la minorité de cette même
» nation. »

Vous terminez vos réflexions sur la vente des domaines nationaux par celle-ci, non moins extraordinaire que toutes les autres.

Laissons au moins aux tribunaux la faculté de régler, selon les lois et leur conscience, les différens qui pourraient s'élever entre les moins raisonnables des acquéreurs et des émigrés sans doute? Voici ma réponse : Les lois que vous invoquez n'existent point; la conscience des juges leur prescrit d'être justes en dépit de leurs inclinations; les différents sont réels, il est vrai, car les uns voudraient rentrer dans des biens que les autres soutiennent avoir bien acquis. Mais ce qui doit tranquilliser ceux-ci, c'est que leurs prétentions sont garanties par l'impossibilité démontrée de les déposséder.

Je fais la remarque, Monsieur, que dans toutes vos

---

(1) Les émigrés ne voulurent point du gouvernement constitutionnel de Louis XVI, en conservant leurs richesses, pour rentrer en France dix ans après, et vivre pauvres sous le joug de fer de Napoléon.

critiques sur les bases de l'acte constitutionnel ; vous tranchez la difficulté par des raisons que vous ne prenez pas la peine de développer. Par exemple, pour prouver qu'il ne faut pas de responsabilité des ministres, que dites-vous ? *Ce qui est beau en théorie est sujet à de graves inconvéniens. Cette responsabilité est bonne chez les Anglais et ne vaut rien pour nous*, et enfin : *les bons ministres seront poursuivis, et les mauvais ne le seront point.* Encore, si vous aviez appuyé tout cela de raisonnemens solides, vous nous auriez persuadés, peut-être : mais vous ne vous en mettez guère en peine. Or, j'avoue que je ne comprends pas comment, en fait de responsabilité, ce qui est beau en théorie, puisse ne l'être pas autrement. Vous approuvez cette institution chez nos voisins et vous la repoussez chez nous, à cause de la différence des caractères. Vous ignorez donc que les institutions forment à la longue le caractère des peuples, comme l'éducation forme celui de l'homme privé ? Démontrez-moi que celle-ci est inutile, vous aurez démontré l'inutilité des institutions politiques. Si toutes celles qu'on a essayé de nous donner jusqu'à ce jour ont eu des résultats peu satisfaisans, faut-il vous répéter que la faute en est moins au caractère de la nation qu'aux hommes qui l'ont gouvernée, avec l'intention de faire des lois pour les mépriser le lendemain ?

Aujourd'hui que le plus ancien trône du monde est occupé par la plus ancienne dynastie ; aujourd'hui que l'expérience nous aura rendus prudens, tout sera stable, sans doute. Nous attaquerons nos ministres prévaricateurs, sans craindre de manquer de déférence envers le Monarque. Si les ministres du bon roi sont persécutés, ce qui sera bien rare, ne vous en déplaise, ils auront cela de commun avec les simples particuliers que rien ne saurait mettre à l'abri d'un mauvais procès, et qui ne sont pas dédommagés par les consolations du prince. Si les mauvais ministres ne sont pas poursuivis, ce sera un malheur encore ; mais la loi existera, et quand elle ne serait mise en vigueur qu'une seule fois dans une période de cent années, j'y trouverai moins d'inconvéniens, qu'à ne pas consacrer le principe de la responsabilité.

Gardons, continuez-vous, *les institutions qui nous conviennent*. Mais de grâce, Monsieur, quelles sont-elles ces institutions ? vous nous en parlez beaucoup, et n'en désignez aucune. Où sont-elles écrites ? Puisque vous les trouvez si bonnes, vous les avez donc approfondies ? Et alors pourquoi tant d'hésitation ? Expliquez-vous franchement sur celles *qui vous conviennent*.

J'arrive à vos réflexions sur ce que vous appellez *la seule noblesse française*. Avant d'entrer en matière, expliquons-nous enfin sur ce que vous entendez par l'opinion publique, car vous l'invoquez fréquemment dans un petit nombre de pages. Cette opinion serait-elle celle de vos sociétés habituelles ?

Je ne pense pas que vous ayez la prétention de la trouver dans leur sein, et il serait par trop ridicule de la chercher parmi ceux qui ont le rare avantage d'ajouter une particule au nom de leurs aïeux. D'ailleurs, peu d'hommes sont assez répandus pour pouvoir affirmer quelle est l'opinion publique. Mais, dussé-je me répéter, j'ai encore sur vous, ici, un avantage incontestable ; c'est qu'en fait de titres, de priviléges, de rang, si vous voulez, que tout le monde ne saurait obtenir, et qui favorisent le petit nombre au préjudice du plus grand, celui qui se trouve dans la dernière hypothèse invoquerait l'opinion avec plus de fondement, s'il était juste de l'invoquer. Et alors, Monsieur, en supposant surtout que ce fût ici le cas de faire l'essai d'un appel nominal, vous seriez bien loin de votre compte, et ne verriez peut-être pas sans quelque dépit, que ceux chez lesquels vous faites *résider* l'opinion publique ne forment point le millième de la population.

Cela posé, je reviens à votre noblesse. Comment la voulez-vous ? Sera-t-elle fondée simplement sur l'opinion de vous et des vôtres, mais sans priviléges ? Personne ne sera tenté de vous la disputer. Exigez-vous que le notaire et l'officier public vous donnent, comme par le passé, le titre d'écuyer, de haut et puissant seigneur ? j'y consens. Voulez-vous qu'en vous écrivant, nous ayons soin de ne pas oublier à la suscription de nos lettres cette particule qui vous donne sur nous tant d'avantage ?

nous n'y ferons faute. Le mérite que vous attachez à tout cela git dans l'imagination, et je conviens que, sous ce rapport, votre noblesse a vécu dans *l'opinion* de certains hommes, *lorsque les constitutions la condamnaient à mort* : si toutefois on peut condamner à mort une noblesse d'opinion.

Voulez-vous une noblesse étayée sur des privilèges ? Alors vous m'accorderez au moins qu'avant 1789 la nôtre était par trop nombreuse, et que nous étions menacés par la suite des temps de devenir tous nobles comme la nation Corse. Eh! quoi! vous flatteriez-vous que l'opinion publique réclamât cette cohue de nobles qui s'appréciaient réciproquement à raison du nombre de quartiers, et qui s'accordaient pour fouler la classe industrieuse en la méprisant! Non, cela n'est pas possible. Ce serait contre les intérêts de la nation, contre ceux de la famille régnante ; vous nous replongeriez dans la barbarie, dans la misère ; vous nous rameneriez aux donjons, aux châtellenies, et à tout l'affreux système féodal.

Ces Anglais que vous citez tant, Monsieur, ont une noblesse, et une véritable noblesse. Vous n'ignorez pas sans doute qu'elle est dans une proportion raisonnable avec le reste de la nation. Faites des vœux pour qu'on les imite en formant une chambre haute et nous voilà d'accord sur ce point. Mais on voit bien que cette chambre haute ne vous sourit pas, et que c'est là précisément que le projet de constitution vous blesse. Si nous l'admettons, en effet, que deviendront ces myriades de nobles, et leur orgueil, et leurs espérances insensées. Certes, je ne m'en embarrasse guères : elles seront, comme vous dites bien, *confondues dans la classe du peuple*; et je ne vois pas là un grand malheur. Mais remarquez, je vous supplie, combien de fois vous êtes en contradiction avec vous-même. Ici vous redoutez que les nobles ne soient confondus avec le peuple, et ailleurs vous affirmez que la noblesse est constamment restée telle dans l'opinion, malgré les constitutions qui l'avaient condamnée à mort. Craignez-vous que cette opinion, si constante pendant nos orages politiques, cesse de l'être aujourd'hui ?

Oui, Monsieur, *nous n'aurons que deux ou trois cents familles nobles.* Prenez votre parti galamment sur ce point, je vous le conseille ; car en conscience c'est bien assez. Demandez-le à nos négocians, à nos agriculteurs, et à tout ce que vous appelliez bourgeois : ils s'accoutumeront sans peine à voir les deux ou trois cents familles justement récompensées, titrées, si vous l'aimez mieux. Tandis qu'ils ne se consoleraient jamais du rétablissement de l'ancienne noblesse. Pour mon compte, je crois que je ne céderais le pas qu'au quinzième quartier révolu sans aucune altération ; et si d'autres étaient tentés de faire comme moi, voyez où un pareil entêtement nous conduirait.

Au reste, ce qui échappe de votre plume sur le

chapitre de la noblesse, exprime toute la franchise de votre cœur, et combien vous tenez à vos prérogatives : vous êtes digne de les conserver, Monsieur, je me plais à le répéter. Tous les anciens privilégiés ne m'arracheraient point un pareil vœu ; daignez le croire, car je veux être franc à mon tour.

Je continue : « Tout Français sera admissible aux » emplois civils et militaires.

Vous passez, ce me semble, très-légèrement sur cet article, auquel, si j'ose le dire, les Français attachent tant d'importance. N'eût-il pas été généreux de votre part de vous appesantir sur la nécessité de cette déclaration ; sur les ridicules préjugés qui nous condamnaient, dans l'ancien régime, aux simples fonctions d'avocat, de médecin, de prêtre; et dans l'état militaire, à celles de soldats jusqu'au grade d'officier de fortune? Vous avez beau, pour nous rassurer à l'avenir, vous étayer du progrès des lumières, des richesses, de l'instruction, répandues dans toutes les classes : il nous faut d'autres garanties. Justement alarmés des préjugés et des prétentions d'une très-petite portion de la grande famille, nous sentons le besoin de trouver ces garanties dans une charte constitutionnelle : tant de gens sont intéressés à compter pour peu de chose les qualités qui ennoblissent le cœur de l'homme, et pour moins encore les lumières qui ne sont pas étayées par des titres !

Parmi toutes vos contradictions, Monsieur, la plus extraordinaire est celle-ci ; vous parlez de l'an-

cien gouvernement, et vous dites : « Rétablissons
» tout ce qui est susceptible d'être rétabli, soyons
» sobres d'innovations ».

J'ai souvent trouvé dans mes lectures une page en contradiction avec une autre page ; mais je n'avais pas encore fait cette remarque dans si peu de lignes. Eh ! Monsieur, y a-t-il une plus grande innovation, une innovation plus dangereuse que celle de rétablir ce qui a été détruit depuis vingt-cinq ans ? Dites-nous donc ce qui est susceptible d'être rétabli ?

Serait-ce les parlemens avec leurs bazoches ? La France entière est conjurée contre ce rétablissement, je vous en avertis ; et, s'il est permis de le dire, Louis XVIII est à la tête de la conjuration. Eh quoi ! les Bourbons ne se rappellent-ils point que les parlemens ont été presque toujours en révolte contre le Roi, depuis François I.er jusqu'à la fin du règne de Louis XVI, si vous en exceptez la grande partie du règne de Louis XIV, depuis la scène des bottes fortes et du fouet ! Ne lisent-ils point à chaque page de notre histoire, les insolentes prétentions de ces corps qui écrasaient le peuple et qui osaient parler en son nom ? De ces magistrats à prix d'argent, qui comptaient dans leur sein plus d'un homme sorti la veille de je ne sais où, et qui dans plusieurs circonstances se sont arrogé le droit de fixer l'ordre de la succession ? Ils s'opposaient à des impôts onéreux, me direz-vous : oui, quand ces impôts blessaient directement leurs intérêts ou leurs prérogatives : oui, quand ils voulaient faire servir le peuple à leurs vues particulières, en l'armant contre leur souverain. Mais sans desseins cachés et seulement pour le bien de la France : jamais.

Certes, c'était une belle institution, que ces cours, chacune souveraine dans son ressort, dont l'une voulait et l'autre ne voulait point ! Qui faisaient à Grenoble un crime de ce qui était à Toulouse une vertu ! Qui tiraillaient l'état dans tous les sens ! Avez-vous oublié toutes les circonstances où le monarque fut contraint d'employer deux fois autant de régimens qu'il y avait de parlemens dans le royaume, pour faire enregistrer l'édit le plus simple ? Combien de fois nos frontières restèrent sans défense contre l'ennemi ! Combien de batailles perdues nous devons aux parlemens, parce qu'il avait été nécessaire de disséminer les armées pour contenir des magistrats ! Ne vous souvient-il plus de M. de Fitz-James, venant à Toulouse au nom du Roi, obligé de se faire garder par deux mille hommes au domaine de Montblanc, de peur d'être pris et condamné à être pendu par une douzaine d'étourdis à robe longue, qui, peut-être, avaient acquis ce droit la veille au prix de trente mille francs ?

Sans doute avec les parlemens, il vous faudra le rétablissement des coutumes, et par conséquent trente législations ; car, en supposant que ce ne soit pas votre vœu, si vous admettez une fois le retour de ces corps de magistrature, ce sera le leur, soyez-en convaincu : et nous verrons encore, comme autrefois, la loi s'expliquer d'une manière au nord de la France et d'une autre manière au midi. Oh ! sans doute si vous désirez d'autres révolutions, les parlemens vous serviront à merveilles, car, après avoir occasionné tous nos troubles, ils ont fini par nous donner la révolution de 1789 : les insensés ! ils ont suivi de près l'infortuné Monarque qu'ils précipitèrent du trône ! Mais respectons leurs cendres et n'achevons pas.

Que regretez-vous encore de nos anciennes institutions, Monsieur ? Les états-généraux ? Je sais à merveilles qu'ils remplaçaient les assemblées du champ de Mars, où nos rois furent plus d'une fois élus par acclamation ; et je sais aussi que la forme du gouvernement ayant souvent changé, ils étaient devenus bien peu de chose : on était même si fort en contradiction sur les bases qui les constituaient, qu'à toutes les époques où le besoin s'en est fait sentir, on a varié sur la forme de leur convocation. Qu'est-ce d'ailleurs, je vous le demande, qu'une assemblée nationale qui n'avait pas le droit de se réunir d'elle-même ? à laquelle on recourait à peine une fois dans un siècle ? et qu'enfin le Roi avait la faculté de ne jamais convoquer ?

Disons-le franchement : il n'y avait autrefois en France que le Roi ; il réunissait sur sa tête tous les pouvoirs, même le pouvoir judiciaire qui fut délégué dans la suite. Saint Louis jugeait lui-même les procès des habitans de Vincennes. Voudriez-vous nous ramener à ce bel ordre de choses qui ferait le malheur du Monarque lui-même ? Seriez-vous bien aise que la France seule parmi tous les états policés fût sans aucune charte, quand la Suède, le Danemark, malgré la révolution de 1660, tous les états d'Allemagne, en ont une ? Quand la Russie a un sénat qui tempère l'autorité assez absolue de son Souverain ? Quand tous les peuples de l'Europe, bouleversés par nos conquêtes, cherchent le remède à leurs maux dans l'établissement d'une constitution ? Quand l'Espagne enfin va peut-être donner pour la seconde fois au monde, l'exemple de ce que peut un peuple fier et persévérant qui veut être gouverné par ses propres lois ! vous rougiriez d'un pareil aveu.

Laissons, comme vous le dites, Monsieur ; oui, laissons faire le Père de famille. Déjà son retour a séché bien des larmes : il l'a dit lui-même, nous avons besoin de fixer les bases sur lesquelles seront assis désormais tous les corps de l'état. Un Prince tel que lui sait prévoir qu'à une longue suite de Souverains amis du bien public, succède souvent un mauvais Roi, et cette pensée, il ne la perdra point de vue.

Vous concluez du silence de la Nation sur ce que vous appelez *la violation de ses droits par le Sénat, que toute idée du gouvernement représentatif est hors de l'esprit national :* j'en tire au contraire une conséquence toute opposée. Son silence prouve son consentement jusqu'à l'évidence, et surtout quand on vous observera que l'on a vu dans beaucoup de villes une classe d'hommes, assez influante, colporter publiquement des adresses où l'on demande le retour au régime de 89. Les Français qui n'ont point signé ces adresses, en ont, sans doute, peu goûté les principes. Comptez les noms de ceux qui les ont revêtues de leur approbation, et, par une simple soustraction, vous aurez le résultat du vœu général ; bien entendu surtout que vous ne l'appliquerez pas seulement à une ville, mais à la France entière.

Je vous abandonne très-volontiers et sans discussion tout ce qui est renfermé dans vos quatre dernières pages, à l'exception toutefois d'une de vos assertions sur la noblesse : vous êtes là dessus ce qu'était Voltaire à l'égard de Labaumelle. Vous, c'est par amour ; Voltaire, c'était par haine : *Trahit sua quemque voluptas*. Je vais donc vous suivre dans vos répétitions, à propos de Buonaparte *qui n'a pu donner aux siens de la considération ; qui créait des distinctians, donnait des titres et n'a pu parvenir à faire un noble*. Cette étrange assertion, démentie par les faits, m'étonne dans la bouche d'un homme prudent tel que vous.

Comment ! il n'a pas donné de la considération à un brave soldat, à un officier, à un général, en les récompensant sur le champ de bataille ? Quoi, lorsque le maréchal Massena reçut à Esling le titre de prince pour avoir sauvé l'armée par une glorieuse résistance, il n'en a retiré aucune considération ? Quel dommage, Monsieur, que vous n'ayez pas fait quelqu'effort pour me faire comprendre cela, au lieu de le présenter sèchement en forme d'axiôme.

Il n'a pas fait un noble ! Eh quelle noblesse mieux acquise que celle qui l'est en versant son sang pour son pays ! Priseriez-vous par hasard davantage celle d'un écuyer jaugeur de bois ou juré peseur de charbon ? Mais lorsque les Francs envahirent les Gaules, quels furent les premiers nobles, je vous prie ? Ceux à qui on distribua des terres moyennant certaines redevances ? n'était-ce point des militaires ? Et, ce que des conquérans faisaient dans ces temps reculés, un conquérant n'aurait pu le faire de nos jours ? Certes, ou je me trompe fort, ou vos principes, en fait de noblesse, ne trouveront pas beaucoup de partisans dans l'armée, je ne dis pas seulement parmi nos maréchaux, nos officiers supérieurs ; mais encore parmi les simples soldats. Vous n'en trouverez pas davantage dans toutes les professions. Ne vous apercevez-vous donc pas que vous détruisez de vos propres mains tout l'échafaudage de votre noblesse, et qu'en suivant votre raisonnement, nos Rois n'auraient pas eu le droit d'ennoblir ? Revenez donc à des idées plus saines, et permettez que Louis XVIII ne se soit pas trompé en honorant de la formule de notre cousin les Maréchaux de France, qu'il vient de mettre à la tête de sa garde : vous seriez fâché, je pense, que celui dont la dynastie remonte à l'an 987, eût des roturiers parmi ses cousins.

Je finis, Monsieur. Quoique vous et moi puissions imprimer, nous ne changerons pas le destin de l'état; quel que soit le gouvernement que l'on nous destine, nous lui serons également soumis, car notre dégoût de révolutions nous en ferait la loi, quand nos mœurs et nos inclinations n'en donneraient pas l'assurance. Vous demandez la constitution de nos pères qui n'en avaient point, et qui furent gouvernés par des institutions incertaines dont l'origine ne remontait point aux sources de la monarchie, car cette monarchie elle-même a été tantôt élective, tantôt usurpée, tantôt héréditaire : je désire moi une constitution, et je soutiens que nous n'en avions pas. Vous prétendez que la France fut toujours heureuse sous ses rois; je dis qu'elle ne le fut, ni sous François I.er, ni sous Henri III, ni lorsque le Grand Henri était forcé de conquérir son trône sur des factieux, ni sous Louis XIII, ni durant la minorité de Louis XIV, ni durant et après la guerre de la succession; encore moins sous Louis XV du temps du système, et lorsqu'enfin le désordre des finances précipita le meilleur et le plus décidé de tous les rois à vouloir le bien de son peuple (1). Que serait-

(1) Si nous avions eu un gouvernement organisé, Louis XVI aurait guéri les plaies de la France. Mais il

ce si je reprenais ce tableau en remontant au-delà du règne de François I.er !

Nous voilà donc en contradiction manifeste, Monsieur, mais de cette contradiction, ne naîtra pas la haine, car rien ne saurait affaiblir les sentimens que je vous ai voués, et avec lesquels

j'ai l'honneur d'être

votre très-humble
et très-obéissant serviteur,

P.al CROUZÉT,

Membre du collége électoral, et du conseil du 1.er arrondissement du Tarn.

Toulouse, le 1.er juin 1814.

---

assembla deux fois les notables sans résultat, les parlemens ne voulurent rien enregistrer, et l'infortuné Monarque se trouva seul sur le vaisseau de l'état. Que devait-il en résulter ? Son naufrage.

ENCORE UN MOT

SUR

LA CONSTITUTION.

ENCORE UN MOT

SUR

LA CONSTITUTION.

PAR UN MEMBRE DU CORPS LÉGISLATIF.

PARIS,

1814.

ENCORE UN MOT

SUR

LA CONSTITUTION.

On a démontré jusqu'à l'évidence qu'il est du véritable intérêt de la maison de Bourbon de remonter sur le trône de ses ancêtres, en vertu d'un vœu national librement et formellement énoncé dans une nouvelle constitution ; que c'est le plus sûr, si ce n'est pas l'unique moyen de consolider le trône et d'assurer le bonheur public.

Le roi lui-même, rendant hommage à ces vérités, a déclaré que son intention était d'adopter une constitution libérale.

D'où vient donc que chaque jour on

fait de nouveaux efforts pour égarer la multitude, pour la tromper sur ses plus grands intérêts, pour la porter à émettre des vœux inconsidérés en faveur d'un retour pur et simple à l'ancien ordre de choses ?

Ne dirait-on pas qu'en rappelant au trône le frère de Louis XVI, la constitution lui enlève l'honneur et l'inappréciable avantage de descendre de nos anciens rois ? Tandis qu'il est notoire que cette illustre origine a été le principal motif de la détermination du sénat et du peuple en faveur du roi et de sa maison.

On voulait réunir tous les partis, étouffer tous les germes de division ; et voilà que des hommes qui ne voient qu'eux, qui ne sont occupés que d'eux, cherchent pour leur avantage personnel à ranimer les haines et les vengeances, et proclament hautement une scission.

Selon eux, il n'y a de véritables Français, de Français purs, que les sectateurs du pouvoir absolu et ceux qui rejettent la constitution ; tous les autres ne doivent être considérés que comme des factieux, des rebelles, des misérables qui devraient s'estimer trop heureux d'obtenir leur pardon.

Ces véritables Français voudraient que le roi régnât en vertu d'un droit héréditaire, indépendant de la volonté du peuple, ce qui signifie qu'ils voudraient que le roi ne tînt aucun compte à la nation de son empressement à le rappeler, à le reconnaître; qui croient que ce sont eux qui ont tout fait, et que le roi a eu tort de dire *qu'il avait retrouvé ses droits dans notre amour.*

Ces véritables Français se conduisent encore aujourd'hui comme il y a trente ans, et ne se souviennent plus de tous les maux dont ils ont été la cause ; ils s'imaginent qu'ils constituent la nation, et que le reste de la population française n'est rien.

S'agit-il donc aujourd'hui de faire le

procès à la révolution, de bouleverser encore une fois la France et l'Europe entière !

Prétendre que les Bourbons n'ont pas cessé de régner pendant vingt-trois ans, c'est démentir l'évidence ; c'est attaquer tous les droits, compromettre toutes les fortunes, menacer toutes les têtes, et nous replonger dans un horrible chaos.

Les souverains en guerre avec la France n'ont-ils pas traité avec le gouvernement antérieur à celui de Buonaparte ? Buonaparte n'a-t-il pas été reconnu par eux ? Le premier entre les potentats de l'Europe ne lui a-t-il pas donné sa fille en mariage ? Un saint pontife, qui s'est montré supérieur à toutes les considérations humaines, incapable de trahir aucun de ses devoirs, inaccessible à la crainte, n'est-il pas venu de Rome consacrer dans la métropole de Paris celui qu'on peut appeler *tyran*, mais non pas usurpateur, puisque des millions de suffrages, trois fois répétés, l'avaient investi de la suprême puissance? Et l'on veut que, durant ce long intervalle, tout ce qui a été fait en France soit illégitime; qu'il n'y ait eu ni lois, ni jugemens, ni contrats qui ne soient susceptibles d'être annullés, parce que les législateurs, les magistrats, les officiers publics ne tenaient pas leurs pouvoirs de l'autorité légitime?

On veut que la nation s'avoue coupable de lèze-majesté, qu'elle se dévoue à l'opprobre, et qu'elle se livre aux vengeances dont une poignée d'hommes ose la menacer; vengeances que le roi, malgré ses franches et loyales intentions, ne pourra ni prévenir ni arrêter, s'il n'a pas à opposer l'égide d'une constitution à cette aristocratie bruyante qui obsède le trône, qui affecte tant de mépris et de haine pour les plébéiens, et dont le secret a été révélé par Montesquieu, lorsqu'il a dit, *que la noblesse regardait comme la souveraine infamie de par-*

tager la puissance avec le peuple ; en sorte que pour la contenter, il faudrait tout lui accorder, dignités, places, honneurs, argent, pouvoir, tout sans concours et sans partage.

Ces excessives prétentions ne sont déjà que trop annoncées par les faits et par les libelles d'un parti qui ne néglige aucun moyen pour arriver à son but, et dont le cri de ralliement est : *Point de constitution.*

Cette opinion condamnée par les lumières du siècle et la direction qu'a pris l'esprit public en France, n'est cependant pas générale ; ses plus fiers partisans dans l'ordre ci-devant privilégié, sont des hommes nouveaux qui, tenant encore de très-près à ce qu'ils nomment dédaigneusement le peuple, affectent tout ce qui peut faire croire qu'ils en sont à une grande distance.

A quelques exceptions près, les vrais nobles, éclairés, généreux, aussi recommandables par la sagesse et la modération de leurs principes, que par leur illustration, sont convaincus de la nécessité d'une constitution positive, pour fixer et assurer à jamais, d'un côté, les droits et les prérogatives du roi, et, de l'autre, les droits et les libertés publics, et pour garantir par l'amour et la confiance réciproque entre le monarque et ses sujets, la puissance, l'éclat et la solidité du trône.

Ces hommes ne veulent pas plus que nous, que le roi remonte sur son trône par une contre-révolution, qui ramènerait tous les abus dont on se plaignait sous l'ancien régime, qui bannirait encore pour long-temps de notre France cette honnête et sage liberté après laqnelle nous avons tant couru, que nous n'avons pas atteint, mais à laquelle nous n'avons pas renoncé, à laquelle nous ne renoncerons jamais; elle se présente aujourd'hui sous les plus favorables auspices; nous en jouirons sans doute, lorsque le pacte constitutionnel formé entre le roi et la nation, aura mis un terme à l'exigeance des uns, aux craintes des autres, et aura forcé tous les sentimens à se confondre dans un seul, le respect pour la loi fondamentale, garant sacré des droits de la couronne et de ceux de la nation.

Les graves circonstances dans lesquelles se trouve la France, n'échapperont pas aux lumières et à la prudence du roi.

Après de longues divisions, d'épouvantables calamités, ce n'est que dans l'affection, la force, *la bonne volonté de la nation*, que l'on pourra trouver les moyens d'établir la paix intérieure et de la rendre durable.

A Dieu ne plaise qu'on envie à la noblesse française les grâces et les faveurs qu'elle a méritées par ses services; mais qu'elle ne perde pas de vue, que depuis vingt-trois ans la France s'est illustrée par plus de gloire militaire que n'en peuvent présenter ensemble les dix siècles antérieurs; que ces prodiges de valeur appartiennent éminemment à la classe des plébéiens; qu'il en est sorti dans ces derniers tems des magistrats, des administrateurs, des savans, des lettrés aussi recommandables dans leur geure que nos illustres guerriers le sont dans le leur; que tous ces hommes ne le céderont en rien à aucune noblesse, quand il s'agira de défendre la patrie et de soutenir un trône, qui ne rejettera plus leurs services.

Point de constitution! c'est-à-dire, le rétablissement des ordres privilégiés, des parlemens, des dîmes, des champarts, des droits féodaux, de tout ce qui est odieux, insupportable aux Français; sans doute aussi, et sur toutes choses, l'annullation des ventes des domaines nationaux (1), à laquelle on

---

(1) *Voyez* la brochure de M. de Flassan, p. 85, (*De la restauration politique de l'Europe et*

prélude par des moyens indirects.

Pour atteindre plus sûrement ce but, il était essentiel de rejeter toute constitution, parce qu'il serait plus facile de parvenir à tromper le pouvoir absolu, qu'à vaincre les puissans obstacles qu'une constitution ne peut manquer d'opposer à toute entreprise contre les possesseurs actuels des biens nationaux.

Aussi voyez par où a commencé l'attaque des anti-constitutionnels : ils ont d'abord signalé l'article 6 de l'acte du sénat du 6 avril ; avec quelle aigreur ils se sont plu à reprocher au sénat d'avoir stipulé qu'il conserverait sa dotation. Elle est affectée sur le revenu des forêts nationales ; l'espoir d'y rentrer allait s'évanouir, si l'article subsistait ; de là les efforts faits pour enlever au sénat sa dotation ; de là le choix des moyens odieux dont on s'est servi, et que nous

---

de la France. Paris, J. G. Dentu, in-8°, 1814.) et de tant d'autres qui ont paru depuis.

ne relevons pas, ne voulant être ici ni les apologistes du sénat, ni les défenseurs de sa propriété.

Cependant il faut savoir que lorsqu'on inséra dans la constitution de l'an 8, adoptée et sanctionnée par la nation, que des revenus de domaines nationaux seraient affectés aux dépenses du sénat et au traitement de ses membres, ce fut dans l'intention d'offrir par-là aux acquéreurs de domaines nationaux la plus imposante des garanties, en plaçant leurs acquisitions sous la sauve-garde spéciale d'une grande autorité personnellement intéressée à les défendre.

Par le même acte du 6 avril, le sénat a demandé que les ventes de domaines nationaux fussent irrévocablement maintenues.

On ne lui en a pas fait un crime; il n'était pas encore temps de se découvrir; mais l'on savait bien que si l'on parvenait à détruire l'affectation spéciale faite à un service public tel que celui du sénat, toutes les aliénations de biens de la même espèce, faites à des particuliers, se ressentiraient infailliblement de cette secousse; on s'est attaché à enlever au sénat sa dotation, pour se ménager une arme très-puissante contre des hommes isolés, qui seraient déjà vaincus par la peur, lorsqu'on se trouverait en mesure de les attaquer.

La proposition de l'hérédité a été combattue dans le même esprit.

Il est reconnu généralement qu'il faut, dans une monarchie tempérée, des institutions fortes pour arrêter les entreprises d'un pouvoir naturellement porté à s'étendre; que les institutions ne sont fortes que par leur indépendance, et qu'il n'y a d'indépendance que dans l'hérédité : quoiqu'elle eût pour elle les suffrages de tous les hommes d'état, c'est un fait que le sénat ne l'a pas mis en avant, et qu'il ne prétendait pour lui que ce qu'il réclamait pour l'armée, pour la légion d'honneur, pour le corps législatif et pour les magistrats ; en un mot, il se bornait à demander la conservation des droits acquis ; l'établissement de l'hérédité jointe à la suppression du traitement, aurait donné l'exclusion à une grande partie des sénateurs actuels, leur aurait enlevé la récompense de longs services, quoiqu'on n'eût d'autres reproches à leur faire que de n'avoir pas couru après la fortune.

Lorsque, dans les circonstances que rappelle le Journal des Débats du 28 avril dernier, le comité de constitution de l'assemblée constituante, *subordonna les hommes aux principes*, il fit aisément ce qui était bien, ce qui ne présentait aucun inconvénient, puisqu'il n'existait pas encore de sénat ; mais la question se présentait dernièrement sous un autre point de vue : le sénat existait ; des sénateurs inamovibles avaient des droits réels (1) ; il eût été

(1) Comment a-t-on osé dire dans quelques

difficile de concilier les principes de la politique avec ceux de la justice.

Placer dans le sénat de grands propriétaires qui auraient l'hérédité sans traitement; mettre à côté d'eux d'autres sénateurs peu favorisés de la fortune, auxquels on laisserait un traitement sans donner l'hérédité, c'eût été composer le sénat d'élémens trop hétérogènes, et jeter dans ce corps des semences de division qui auraient infailliblement produit des fruits pernicieux; on eût manqué le but de l'institution.

Il n'y avait qu'un parti à prendre :

---

pamphlets que le sénat avait cessé d'exister avec l'empire de Buonaparte ? Le sénat, le corps législatif, toutes les cours, tous les tribunaux etc., etc., etc. n'ont-ils pas la même origine ? A-t-on pu porter le délire au poiut de prétendre que tont régime a dû cesser en France à l'instant où la déchéance de Buonaparte a été prononcée, et que le sénat, croyant détruire la tyrannie, n'aurait fait réellement qu'introduire le plus affreux désordre dans l'état ?

ou de conserver à tous les sénateurs le droit héréditaire, ou de ne l'accorder à aucun.

En préférant de le donner à tous, on a rendu *nécessaires* les dispositions relatives à la dotation; mais on a soulevé la classe habituée à profiter exclusivement des graces et des faveurs. N'espérant pas d'effacer de la constitution l'article qui déclare tous les Français également susceptibles de tous les emplois civils et militaires, elle prétend du moins qu'on ne se presse pas d'en faire l'application, en honorant de la dignité de sénateurs des familles plébéiennes.

Le temps amènerait en vain des circonstances plus favorables aux prétentions exclnsives, si la théorie se trouvait d'abord confirmée par la pratique; si le roi et la nation avaient un juste sujet de s'applaudir de la sublime émulation qu'ils exciteraient parmi ceux dont les vertus et les talens pourraient enfin être remarqués et dignement récompensés.

Encore un coup, la dotation du sénat a servi de prétexte pour attaquer indirectement deux articles de la constitution, qu'on n'osait pas attaquer de front : celui concernant les biens dans lesquels les émigrés ont toujours le désir et l'espoir de rentrer, et celui concernant les honneurs que les nobles ne veulent partager avec personne.

Ceux qui reprochent au sénat de s'être occupé de son intérêt, croient-ils à présent que le parti opposé a négligé les siens ? Il y a plus de franchise d'un côté et plus d'adresse de l'autre : voilà toute la différence.

On ne s'élève pas hautement contre un autre article de la constitution, qui est regardé par les hommes sages comme le sceau de la paix publique ; mais on en parle en secret, et l'on s'agite beaucoup pour lui faire perdre son efficacité. C'est toujours la même tactique, qui loin d'amener un résultat tel qu'on l'espérait, produit déjà l'effet contraire; car on ne peut pas se le dissimuler, l'inquiétude fait des progrès, et d'un petit nombre d'individus s'étend sur la multitude. On commence à craindre de voir abandonner la sainte doctrine recommandée par Louis XVI dans son testament généreux et sublime autant que politique et chrétien.

Mais rassurons-nous, le roi, les princes ont embrassé et solennellement professé cette doctriue : ils tiendront leurs promesses; nous aurons une constitution libérale, qui assurera la liberté, le bonheur de la nation, en même tems *qu'elle rendra au trône toute la force et tout l'éclat qu'il doit avoir pour le bien même du peuple* : elle comblera les vœux de l'immense majorité des Français; elle mettra fin à cette indécente guerre de libelles qui devient fatigante, et réduira au silence cette faible minorité perturbatrice, dont les prétentions et les conseils nous replongeraient tôt ou tard dans de nouvelles calamités.

Paris, 18 mai 1814.

www.ingramcontent.com/pod-product-compliance
Lightning Source LLC
LaVergne TN
LVHW010036230826
846091LV00005B/1726